Bibliografische Information der Deutschen Nationalbibliothek:

Die Deutsche Bibliothek verzeichnet diese Publikation in der Deutschen National-bibliografie; detaillierte bibliografische Daten sind im Internet über http://dnb.d-nb.de/ abrufbar.

Impressum:

Copyright © 2018 GRIN Verlag
Druck und Bindung: Books on Demand GmbH, Norderstedt Germany
ISBN: 9783668662322

Baris Erdem

Das COBIT 5-Prozess-Referenz-Framework. Enterprise Architecture Framework. Analyse der Stärken und Schwächen

GRIN Verlag

FOM – Hochschule für Ökonomie & Management

Hausarbeit

über das Thema

Das COBIT5-Prozess-Referenz-Framework:
Analyse der Stärken und Schwächen

von

Baris Erdem

Inhaltsverzeichnis

Abkürzungsverzeichnis

BMIS   - Business Model for Information Security

COBIT   - Control Objectives for Information and Related Technology

EDP   - Electronic data processing

ISACA   - Information Systems Audit and Control Association

ISACF   - Information Systems Audit and Control Foundation

IT   - Informationstechnik

ITAF   - IT Assurance Framework

ITIL   - IT Infrastructure Library

ITSM   - IT-Service-Management

Abbildungsverzeichnis

1. Einleitung

Unternehmen werden immer größer und die Tätigkeiten immer komplexer. Um der Komplexität entgegenzuwirken und den Gesamtüberblick kontinuierlich zu behalten, sollten ab einem bestimmten Zeitpunkt übergeordnete Regeln und Prozesse implementiert werden. Zu diesem Zweck wurden Rahmenwerke für IT-Architekturen entwickelt. Eine IT-Architektur ist eine strukturierte Abstraktion bestehender oder geplanter Informationssysteme (Dern 2013). Enterprise Architecture Management beschreibt den steuernden Vorgang und ist sehr vielfältig und vielschichtig. Anhängig davon, welcher Bereich angesprochen wird, sollten auf die für den Bereich gesetzten Standards oder Frameworks verwendet werden.

Eines der beliebtesten Enterprise Architecture Frameworks heutzutage ist COBIT 5. Dies wird in dem Werk von Markus Gaulke verdeutlicht (Markus Gaulke 2014). In der Publikation von Finkemeyer werden die Gemeinsamkeiten und Unterschiede zwischen den Frameworks COBIT und ITIL erläutert (Finkemeier, Deutschland, and ISACA. 2011). In dem Buch Wirtschaftsinformatik von Meyer,Zarnekow und Kolbe werden die grundlegenden Merkmale von Governance aufgegriffen (Meyer, Zarnekow, and Kolbe 2003). In den folgenden Kapiteln werden unterschiedliche Merkmale von COBIT 5 beleuchtet. Beginnend mit der historischen Entwicklung wird es anschließend einen Abschnitt zum Thema Governance geben. Des Weiteren werden die Themen COBIT 5 Prinzipien, Enabler, Stärken und Schwächen und der Vergleich zwischen COBIT und ITIL beschrieben. Schließlich wird mit einem Fazit abgeschlossen.

Als Zielgruppe für diese Arbeit werden sämtliche in Unternehmen und Behörden verantwortlichen Manager und IT Verantwortlichen definiert. Dies gilt insbesondere nicht nur für die IT-orientierten Mitarbeiter, sondern für alle sich mit den Themen Governance und IT Management befassenden Personenkreise.

2. Historie

Die Information Systems Audit and Control Association (ISACA) ist ein internationaler Berufsverband von IT-Sicherheitsmanagern, IT-Revisoren und IT-Governance-Experten. Das vorranginge Ziel des Verbandes ist die Verbreitung von Arbeitstechniken und Berufsstandards. Ebenso gehören die Weiterbildung und Zertifizierung von Fachleuten, die sich mit der Kontrolle und der Sicherheit sowie dem Management und der Steuerung von Informationssystemen befassen, zu den Aufgabengebieten. Ursprünglich wurde der Berufsverband ISACA als Berufsverband für IT-Revisoren – EDP Auditors Association im Jahre 1969 gegründet. Inzwischen gibt es weit mehr als 130.000 Mitglieder. Der heutige Name Information Systems Audit and Control wurde erst 1994 vergeben. Die Zentrale des Berufsverbandes und der dazugehörigen Forschungseinrichtungen IT Governance Institute befindet sich in Rolling Meadows bei Chicago (vgl. Markus Gaulke 2014).

Die erste Version von COBIT veröffentlichte die damalige ISACA-Forschungseinrichtung ISACF (Information Systems Audit and Control Foundation). Die darauffolgenden Weiterentwicklungsschritte waren bereits bei dieser Veröffentlichung klar definiert. Die control objectives sollten nochmals auf Basis weiterer Referenzmaterialien weiterentwickelt werden. Es sollten insbesondere noch Richtlinien zur Selbsteinschätzung und Metriken für das Management ergänzt werden. Die zweite überarbeitete und erweiterte Version von COBIT erschien im Jahr 1998. Verwendet wurde das Rahmenwerk zu Beginn primär von der internen und externen Revision, da COBIT für das ganze Spektrum der IT-Aktivitäten eines Unternehmens, homogene Anforderungen (control objectives) als good practices definiert hatte, welche als Sollvorgaben zur Beurteilung der Situation in der geprüften Einheit verwendet werden konnten. Des Weiteren wurden detaillierte Prüfungsabläufe zu den Prozessen in separaten Audit Guidelines vorgestellt. Um das Vorhaben, COBIT auch zu einem Rahmenwerk für das IT-Management und das Business Management besser zu verwirklichen, wurde von der ISACA im Jahr 1998 das IT Governance Institute gegründet und die Entwicklung von COBIT dort angesiedelt. Im Juli 2000 wurde die dritte Version von COBIT veröffentlicht. Diese Version wurde vor allem um Aspekte des IT-Managements durch die sog. Management Guidelines erweitert. Diese umfassten ein Reifegradmodell (maturity model), kritische

Erfolgsfaktoren (critical success factors) sowie wesentliche Zielindikatoren (key goal indicators) und Leistungsindikatoren (key performance indicators). Dadurch wurden in COBIT Werkzeuge integriert, um dem Management zu ermöglichen, den Status und die Effektivität der eigenen IT-Prozesse im Hinblick auf die 34 übergeordneten Prozessbereiche einschätzen zu können, einen Soll-Zustand zu definieren, die notwendigen Schritte zur Erreichung des gewünschten Soll-Zustandes festzulegen und die Zielerreichung kontinuierlich zu prüfen. Nach Veröffentlichung der dritten Auflage haben Unternehmen COBIT immer stärker, sowohl als Leitfaden bei der Implementierung des internen Kontrollsystems in der Unternehmens-IT, als auch für die Durchführung von Prozesszustandsbeurteilungen in Form von Self Assessments oder Health Checks angewandt (vgl. ebd). Im Jahr 2004 begannen die Entwicklungsarbeiten an der nächsten Version von COBIT mit der Integration von diversen Forschungsprojekten, unter anderem von der Antwerp Management School und der University of Hawaii. Im Dezember 2005 erschien dann schließlich die Version 4.0, welche vor allem eine deutliche Verschlankung und Reduzierung der control objectives zur Folge hatte und auch explizit die die Aspekte der IT-Governance integrierte. In Folge dessen wurde COBIT 4.0 nochmals in einigen Details verbessert und zusammen mit ergänzenden Büchern, wie den COBIT Control Practices, dem IT Governance Implementation Guide: Using COBIT and Val IT sowie dem IT Assurance Guide: Using COBIT – im Mai 2007 in der Version COBIT 4.1 publiziert. Das IT Governance Institute erachtete das Konstrukt komplementärer und aufeinander referenzierender Bücher als weitgehend stabil und fokussierte die Forschungsbemühungen seitdem auf COBIT und die IT-Governance Ansätze ergänzende Produkte (vgl. ebd). Simultan dazu begann die Entwicklung am Rahmenwerk Val IT, welches im Jahr 2006 erstmals veröffentlicht wurde. Die zweite, besser mit COBIT interagierende Version erschien im Jahr 2008. Im diesem Jahr startete auch die Entwicklung des jüngsten Rahmenwerks der ISACA: Risk IT. Dieses erschien erstmals im Entwurf im Mai 2009 und in der Endversion im November 2009. Im Jahr 2011 wurde erneut eine Weiterentwicklung von COBIT begonnen. Ein wesentliches Ziel war dabei die Integration der bereits entwickelten Inhalte aus diversen ISACA Rahmenwerken in ein zentrales Modell. Zusätzlich zu den bereits erwähnten Rahmenwerken Val IT und Risk IT wurden auch die Inhalte von ISACA Veröffentlichungen wie dem ITAF (IT Assurance Framework), dem Board Briefing on IT Governance oder dem

BMIS (Business Model for Information Security) eingegliedert. Im April 2012 wurden die ersten drei Bücher der neu entwickelten COBIT 5 Produktfamilie veröffentlicht:

- das COBIT 5 Rahmenwerk (Business Framework)
- das Handbuch COBIT 5: Enabling Process und
- der Umsetzungsleitfaden COBIT 5: Implementation

Das Business Framework dient als primäres konzeptionelles Nachschlagewerk und beinhaltet vor allem eine Beschreibung der fünf Prinzipien, die Einführung in die sieben Enabler sowie eine kurze Vorstellung des neuen Prozessmodells und des neuen Reifegradansatzes. Das Prozessmodell wurde als extra Handbuch (COBIT 5: Enabling Process) publiziert und umfasst fünf Governance Prozesse und 32 Management Prozesse. Der Umsetzungsleitfaden dient als Hilfestellung zur Einführung von IT-Governance und enthält neben einem siebenstufigen Lebenszyklus zur Einrichtung einer nachhaltigen IT-Governance auch viele praxisrelevante Elemente aus Risk IT und Val IT (vgl. ebd). COBIT 5 fokussiert sich im Gegensatz zu den vorherigen Versionen weniger auf die Themen Auditierung und Revision. COBIT 5 zeichnet sich mehr als Serviceorientiertes Framework aus. Dies wird durch die Positionierung der Service Management Prozesse innerhalb des Prozessreferenzmodells deutlich.

3. Governance

In der heutigen Unternehmenspraxis werden die Geschäftsprozesse immer mehr durch die IT unterstützt oder sogar komplett von der IT übernommen. Deshalb haben IT Entscheidungen in der Regel einen unternehmensweiten Einfluss. Durch zunehmende Prozessorientierung und dem Outsourcing der IT Funktionen, werden innerhalb und zwischen Unternehmen Integrations- und Koordinationstechnologien und -maßnahmen erforderlich. Dies hat eine Steigerung der Kommunikationsbeziehungen zufolge und Ursache für Schnittstellenprobleme und Intransparenz. IT-Governance, welches als IT-bezogene Spezialisierung der unter dem Begriff Corporate Governance zusammengefassten Vorschläge und Konzepte angesehen werden kann, schließt an diese Problematik an und versucht Lösungsansätze zu liefern. (vgl. Meyer, Zarnekow, and Kolbe 2003, S. 445). Es wird grundsätzlich zwischen der Corporate

Governance und der IT-Governance unterschieden. Unter Corporate Governance versteht man die verantwortliche und auf langfristige Wertschöpfung ausgerichtete Organisation der Unternehmensleitung und -kontrolle (European Corporate Governance Institute 2000). Corporate Governance kann somit als Teilgebiet der Unternehmensführung betrachtet werden und wird seit Anfang der 90er Jahre diskutiert. Es gibt einen Kodex, welcher von Regierungskommission Deutscher Corporate Governance Kodex ausgearbeitet wurde. Diese enthält ergänzende Empfehlungen im Rahmen des Unternehmensrechts. Diese Empfehlungen beziehen sich darüber hinaus auf die Aufgaben und Zusammenarbeit zwischen Aufsichtsrat und Vorstand und die Transparenz der Unternehmenssituation. „Unter dem Begriff IT-Governance werden Grundsätze, Verfahren und Maßnahmen zusammengefasst, die sicherstellen, dass mit Hilfe der eingesetzten IT die Geschäftsziele abgedeckt, Ressourcen verantwortungsvoll eingesetzt und Risiken angemessen überwacht werden (vgl. Meyer, Zarnekow, and Kolbe 2003)."

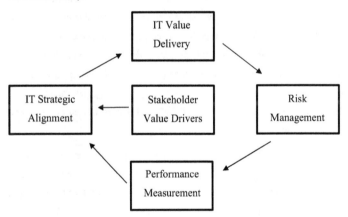

Abbildung 1: Schwerpunkte der IT-Governance in Anlehnung an (Meyer, Zarnekow, and Kolbe 2003)

In Abbildung 1 ist zu sehen, auf welche Bereiche sich T-Governance fokussiert. Ausgehend von den Zielen und Erwartungen der unterschiedlichen Anspruchs- und Interessengruppen (Stakeholder Value Drivers) gibt es vier Schwerpunkte – strategische Ausrichtung (IT Strategic Alignment), Wertorientierung (IT Value Delivery), Risikomanagement (Risk Management) und Leistungsmessung (Performance Measurement). Aus Sicht des IT Governance Institutes ist es nicht möglich Corporate Governance und IT Governance unabhängig voneinander zu betrachten, da die strategische Ausrichtung der IT und der Unternehmensziele in demselben Maße relevant für den Unternehmenserfolg sind (vgl. ebd.).

4. COBIT 5 Prinzipien

Damit der Wert der IT optimal geschöpft werden kann, müssen die in diesem Abschnitt genannten fünf Prinzipien durchgängig angewandt und implementiert werden.

Das erste Prinzip befasst sich mit der Erfüllung der Anforderungen der Anspruchsgruppen bzw. Stakeholder. Unternehmen haben viele unterschiedliche Stakeholder mit unterschiedlichen Interpretationen in Bezug auf die Wertschöpfung. Diese können sogar in Konkurrenz zueinanderstehen. Durch IT-Governance werden alle unterschiedlichen Ausprägungen berücksichtigt und als Basis für Entscheidungen genommen. Die COBIT 5 Zielkaskade hilft dabei diese Anforderungen in konkrete, realisierbare und individualisierte Unternehmensziele, IT-Ziele und kritische Erfolgsfaktoren umzuwandeln. Diese Umwandlung ermöglicht es über mehrere Hierarchieebenen und Abteilungen hinweg Ziele zu definieren, welche die Unternehmensziele, übergeordneten IT-Ziele und Anforderungen der Stakeholder optimal unterstützt. (vgl. ISACA 2012, S.17)

Das zweite Prinzip befasst sich mit der Abdeckung des gesamten Unternehmens. Durch COBIT 5 wird die IT-Governance in die Governance des gesamten Unternehmens integriert und berücksichtigt alle Funktionen und Prozesse, welche für das Steuern und Managen der Unternehmensinformationen und der zugehörigen Technologien erforderlich sind. Hierbei ist der Ort der Informationsverarbeitung unerheblich. COBIT 5 befasst sich vor dem Hintergrund des erweiterten Unternehmensumfangs mit allen relevanten internen und externen IT-Services sowie mit allen internen und externen Geschäftsprozessen. Es wird eine ganzheitliche und objektive Sicht auf das Management der Unternehmens-IT und den zugehörigen kritischen Erfolgsfaktoren sowie auf die Governance geboten. (vgl. ISACA 2012, S.23)

Das dritte Prinzip befasst sich mit der Anwendung eines einheitlichen, integrierten Rahmenwerks. COBIT 5 wird als ein einheitliches integriertes Rahmenwerk bezeichnet. Gründe hierfür sind:

- Es wird an anderen aktuellen Standards und Rahmenwerken ausgerichtet und bietet Unternehmen daher die Möglichkeit COBIT 5 als integratives und ganzheitliches Rahmenwerk für Governance und Management zu nutzen.
- Das Unternehmen wir vollständig abgedeckt und es wird die Basis geschaffen andere Rahmenwerke, Standards und Praktiken effizient zu integrieren. Ein einheitlicher übergeordneter Rahmen dient als Schnittstelle zwischen nichttechnischen und technologieunabhängigen Systemen und verwendet eine einheitliche Sprache.
- Es bietet eine einfache Architektur für die Strukturierung von Unterstützungsmaterialen und der Bereitstellung von konsistenten Produktkatalogen.
- Das Wissen vieler unterschiedlicher ISACA-Rahmenwerke werden hier vereint. Die Erforschung der Unternehmens-Governance gehört zu den Kernbereichen von ISACA. Während dieser Forschung wurden viele unterschiedliche Rahmenwerke wie Val IT, Risk IT, BMIS, die Publikation Board Briefing on IT Governance und ITAF entwickelt. In COBIT 5 werden alle Erkenntnisse dieser Rahmenwerke vereint. (vgl. ISACA 2012, S. 25)

Das vierte Prinzip befasst sich mit dem Ermöglichen eines ganzheitlichen Ansatzes unter Berücksichtigung aller kritischen Erfolgsfaktoren (Enabler). Die COBIT 5 Enabler sind Erfolgsfaktoren, welche sowohl alleinstehend als auch kollektiv Einfluss auf die Funktionsfähigkeit, in diesem Fall auf das IT-Management des Unternehmens und die Governance hat. Die Basis der Enabler stellt die COBIT 5 Zielkaskade dar, d.h. die zu erreichenden Enabler Ziele werden durch höher angesiedelte IT Ziele bzw. Unternehmensziele definiert. Enabler unternehmensweit und kontinuierlich, d.h. sie beinhalten alles, das für die Governance und das Management der Unternehmensinformationen und der zugehörigen IT relevant ist. Hier werden sowohl die Funktionen, Aktivitäten und Zuständigkeiten der IT-Funktionen, als auch die der anderen primär und sekundär wertschöpfenden Geschäftsfunktionen inkludiert. Im

COBIT 5 Framework werden insgesamt sieben Enabler-Kategorien definiert(vgl. ISACA 2012, S. 27):

- Prinzipien, Richtlinien und Rahmenwerke
- Prozesse
- Organisationsstrukturen
- Kultur, Ethik und Verhalten
- Informationen
- Services, Infrastruktur und Anwendungen
- Mitarbeiter, Fähigkeiten und Kompetenzen

Das fünfte Prinzip befasst sich mit der Separierung der Bereiche Governance und Management. Im COBIT 5 Rahmenwerk wird strikt zwischen Governance und Management unterschieden. In diesen beiden Disziplinen werden unterschiedliche Arten von Aktivitäten definiert, es sind unterschiedliche Organisationsstrukturen erforderlich und es werden unterschiedliche Zwecke erfüllt (vgl. ISACA 2012, S. 31). Das IT Management beschreibt den Vorgang der Planung, Konzeption und Überwachung von Aktivitäten (vgl. ISACA Germany Chapter e.V. 2013).

5. Enabler

Im folgenden Abschnitt werden die in Kapitel 3 angesprochenen kritischen Erfolgsfaktoren näher erläutert.

5.1 Prinzipien, Richtlinien und Rahmenwerke

Prinzipien, Richtlinien und Rahmenwerke sind das Medium zur Erreichung eines gewünschten Verhaltens. Der Enabler „Prinzipien, Richtlinien und Rahmenwerke" beinhaltet diverse Kommunikationsmittel, um die Ziele und Anweisungen der Governance und des Managements zu verbreiten. Für den Enabler „Prinzipien, Richtlinien und Rahmenwerke" werden im COBIT 5 Rahmenwerk gute Praktiken wie Effektivität, Effizienz, Aktualität oder Eingängigkeit vermittelt(vgl. Markus Gaulke 2014).

5.2 Prozesse

Prozesse beschreiben eine strukturierte Zusammenstellung von Praktiken und Aktivitäten zur Erreichung bestimmter Ziele und liefern einen Satz mit Ergebnissen, welche zur Erreichung allgemeiner IT bezogener Ziele beitragen. Der Enabler „Prozesse" definiert vor allem ein Prozessmodell mit standardisierten Elementen wie Prozessbeschreibung, Prozesszweck, Ziele mit dazugehörigen Metriken, RACI-Diagramm, Prozesspraktiken und -aktivitäten sowie Referenzmaterialien (vgl. ebd).

5.3 Organisationsstrukturen

Organisationsstrukturen sind die wichtigsten Objekte der Entscheidungsfindung im Unternehmen. Für den Enabler „Organisationsstrukturen" werden im COBIT 5-Rahmenwerk sowohl das Rollenmodell als auch gute Praktiken für Organisationsstrukturen wie Arbeitsprinzipien, ausgewogene Zusammensetzung der Mitglieder oder Umfang der Befugnisse präsentiert (vgl. ebd).

5.4 Kultur, Ethik und Verhalten

Kultur, Ethik und Verhalten der Mitarbeiter und des Unternehmens werden als Erfolgsfaktoren für Governance- und Managementaktivitäten häufig unterschätzt. Der Enabler „Kultur, Ethik und Verhalten" bezieht sich auf individuelles und kollektives Verhalten innerhalb eines Unternehmens. Das COBIT 5-Rahmenwerk bietet insbesondere Verfahren zur Schaffung, Förderung und Aufrechterhaltung eines erwünschten Verhaltens (vgl. ebd).

5.5 Informationen

Informationen sind in jeder Organisation überall zu finden. Zu ihnen gehören sämtliche vom Unternehmen produzierten und verwendeten Informationen. Informationen sind für die Aufrechterhaltung des Betriebs der Organisation und dessen Steuerung unabdingbar. Auf operativer Ebene sind Informationen häufig sogar das wichtigste Produkt des Unternehmens überhaupt. Der Enabler „Information" bezieht sich auf alle Informationen, die im Unternehmen relevant sind. Im COBIT 5 Rahmenwerk werden die Ziele des Enablers „Information" in den drei Dimensionen intrinsische Qualität, kontextabhängige Qualität sowie Sicherheit bzw. Zugangsmöglichkeiten dargestellt (vgl. ebd).

5.6 Services, Infrastruktur und Anwendungen

Services, Infrastruktur und Anwendungen umfassen die Infrastruktur, die Technologie und die Anwendungen, die innerhalb des Unternehmens die IT-Verarbeitung und IT-Services sicherstellen. Der Enabler „Services, Infrastruktur und Anwendungen" umfasst alle Ressourcen, die bei der Bereitstellung von IT-Dienstleistungen verwendet werden. Die Ziele des Enablers werden im COBIT 5-Rahmenwerk durch die Dienstleistungen (Anwendungen, Infrastruktur, Technologie) und die Service Level ausgedrückt (vgl. ebd).

5.7 Mitarbeiter, Fähigkeiten und Kompetenzen

Mitarbeiter, Fähigkeiten und Kompetenzen beziehen sich auf die Personalressourcen und sind für die Durchführung aller Aktivitäten, das Treffen der richtigen Entscheidungen und die Umsetzung unternehmensweiter Maßnahmen erfolgskritisch. Das COBIT 5-Rahmenwerk stellt zum Enabler „Mitarbeiter, Fähigkeiten und Kompetenzen" essenzielle Fähigkeiten für jede COBIT-Prozessdomäne dar sowie Ziele für Fähigkeiten und Kompetenzen, wie Bildungs- und Qualifikationsniveaus, technische Fähigkeiten, Erfahrung, Wissen und Verhalten (vgl. ebd).

6. Stärken und Schwächen von COBIT 5

COBIT 5 zeichnet sich durch diverse qualifizierte Stärken aus. Zu diesen gehören folgende Punkte:

• Ganzheitliche Betrachtung

Durch die Einführung von COBIT 5 werden alle relevanten Funktionsbereiche des Unternehmens und Kapitel wie Prozesse, Kultur, Organisationsstruktur und Mitarbeiter abgedeckt und beschrieben.

- Methodische Klarheit

Im COBIT 5 Rahmenwerk sind die Methoden für die Prozesse klar definiert. Dadurch ergibt sich ein strukturierter Fahrplan für die Optimierung und Implementierung von Prozessen.

- Business Value

Mit COBIT 5 wird für die IT-Abteilung ein Business Value (Unternehmenswert) geschaffen, da die IT-Ziele direkt von den Unternehmenszielen abgeleitet werden.

- Compliance

Durch COBIT 5 werden Governance-Anforderungen berücksichtigt und die Einhaltung gegenüber allen relevanten Gesetzen, Vorschriften, vertraglichen Vereinbarungen, Regularien und Richtlinien sichergestellt. COBIT verbessert und pflegt qualitativ hochwertige Informationen um wichtige Geschäftsentscheidungen zu unterstützen.

- Risk Management

Die Verwaltung von IT Risiken wird bei COBIT 5 effektiv gestaltet. Die Basis des Risikomanagements stellt das ISACA Framework Risk IT dar. Dieses ist in COBIT 5 eingebettet. Dort werden unter anderem essentielle Methoden für die Punkte Risikoidentifizierung, Risikobewertung, Risikoaggregation und Risikobewältigung vorgestellt und beschrieben.

- Flexibilität

COBIT 5 besitzt die Eigenschaft, sich kontinuierlich auf wechselnde Anforderungen einzustellen und umzusetzen ist eine große Stärke von COBIT 5.

- Starke Managementorientierung

COBIT 5 richtet sich grundsätzlich an das Top Management eines Unternehmens. Dadurch werden die verantwortlichen Personen direkt in grundlegende Entscheidungen einbezogen.

Wie bei nahezu jedem System gibt es auch Schwachstellen. COBIT 5 ist hier keine Ausnahme. Daher können folgende Schwächen identifiziert werden:

- Abstraktion

Das COBIT 5 Framework ist grundsätzlich sehr abstrakt und „High Level" gehalten. Da COBIT 5 das Gesamtkonstrukt sehr weit von oben betrachtet und analysiert wird ein gewisses Geschick mit dem Umgang abstrahierter Prozessen und Arbeitsabläufe vorausgesetzt.

- Finanz- und Sicherheitsbereich

COBIT 5 weißt Schwächen in den Bereichen Finanzen und Sicherheit auf. Diese werden im Prozessreferenzmodell nicht ausführlich behandelt. Lediglich eine Kombination von unterschiedlicher Framework kann hier Abhilfe schaffen.

- Aufwändige Realisierung

Die praktische Implementierung der Konzepte ist sehr Ressourcenfordernd. Zu den erforderlichen Ressourcen zählen unter anderem Zeit, personelle Ressourcen und natürlich auch Geld. In kleineren Unternehmen sollte daher zwingend eine Kosten-Nutzen-Analyse gemacht werden. In den meisten Fällen wird sich eine Implementierung von COBIT 5 in SMEs nicht lohnen. COBIT 5 richtet sich somit eher Groß- und Börsenorientierte Unternehmen.

7.   Vergleich zwischen COBIT und ITIL

ITIL ist eine Zusammenstellung von Best Practices für das ITSM (IT Service Management). Es ist ein weit verbreitetes Framework für die Konzeption, Steuerung und Optimierung innerhalb des ITSM. Es bietet die Grundlage für das Verständnis der eingesetzten IT-Infrastruktur und aller weiteren Bausteine, die für die Wertschöpfung relevant sind (vgl. Ebel 2008). Es ist wichtig zu verdeutlichen, dass ITIL lediglich als Leitfaden zur Optimierung von Inhalten, Prozessen und Zielen dient. Es wird keine Vorgabe zur Ausgestaltung der Ergebnisse gemacht. Dies muss vom jeweiligen Unternehmen selbst definiert werden. Eine wesentliche Stärke von ITIL ist die vorhandene Flexibilität für serviceorientierte Unternehmen, unabhängig von der Größe, Branche und Rechtsform (vgl. Serview GmbH 2017). ITIL besteht aus fünf Grundbausteinen – Service Strategy, Service Design, Service Transition, Service Operations und Continual Service Improvement.

Es ist in unterschiedlicher Literatur zu beobachten, dass COBIT und ITIL in kontinuierlicher Steigerung kooperativ zum Einsatz kommen. COBIT als Framework für die grundlegende Steuerung und Kontrolle und ITIL als Framework für die Optimierung des IT Service Managements ergänzen sich widerspruchsfrei. COBIT spannt somit den grundsätzlichen Rahmen um die IT-Architektur und ITIL bezieht sich auf die Umsetzung der Prozesse für das Service Management innerhalb der IT-Architektur. Für eine reibungslose Implementierung beider Frameworks sollte ein Prozessmapping durchgeführt werden. Das bedeutet, dass die Prozesse von COBIT auf die Prozesse von ITIL abgebildet werden (vgl. Finkemeier, Deutschland, and ISACA. 2011). Bei diesem Vorgang ist festzustellen, dass jeweils einem Control Objective mehrere Aktivitäten zugeordnet werden können. Dies ist damit zu begründen, dass die Formulierung der COBIT Control Objectives allgemein gehalten ist und ein relativ großer Interpretationsspielraum geschaffen wird (vgl. ebd). Die Zusammenwirkung von COBIT und ITIL ist für viele Unternehmen das ausschlaggebende Argument für die Implementierung, da beide Frameworks in den jeweiligen Funktionen die gesetzten Standards sind. Dies soll jedoch nicht bedeuten, dass ITIL zwingend mit COBIT zusammen implementiert werden muss. Beide Frameworks können autark betrieben werden. Es ist zudem gängige Praxis, dass in vielen kleineren serviceorientierten Unternehmen ITIL eingeführt wird, COBIT jedoch aufgrund der hohen Kosten und des großen Umsetzungsaufwands keine Rolle spielt.

8. Fazit

In der vorliegenden Arbeit wurde zunächst auf die geschichtliche Entwicklung von COBIT und den dazugehörigen Frameworks eingegangen. Anschließend wurde der Unterschied zwischen der IT Governance und der Corpporate Governance verdeutlicht und weiterhin die Brücke zu den COBIT 5 Prinzipien und Enablern geschlagen. Des Weiteren wurden die Stärken und Schwächen von COBIT 5 analysiert und ein Vergleich zwischen COBIT und ITIL gemacht. Hierbei wurde deutlich, dass bei COBIT die Stärken gegenüber den Schwächen überwiegen. Die nicht ausführlich behandelten Bereiche wie z.B. der Finanz- oder Sicherheitsbereich, können durch andere ergänzende Frameworks abgedeckt werden. Die Kombination von Frameworks, zur Erhöhung des Detailgrades, ist ebenfalls eine gängige Strategie in der Praxis. Das Risikomanagement und die Berücksichtigung von Investitionen sind feste Bestandteile des COBIT 5 Frameworks. COBIT wird inzwischen weltweit von Tausenden Unternehmen als Standardrahmenwerk für die Bereiche IT-Governance und IT-Management anerkannt und verwendet. Darüber hinaus hat sich COBIT international als einheitliches Rahmenwerk für interne Kontrollsysteme in der Informationstechnologie herauskristallisiert (vgl. Markus Gaulke 2014). Der Grund für die inzwischen weite Verbreitung des Frameworks ist die universelle Einsetzbarkeit. COBIT 5 kann durch den ganzheitlichen Ansatz und der Berücksichtigung aller wertschöpfenden Geschäftsprozesse, die Wertschöpfung optimal unterstützen. Durch die inzwischen über 20 Jahre lange kontinuierliche Verbesserung des Rahmenwerks, die durch den Einfluss unterschiedlicher Erfahrungen von Unternehmen sehr praxisnah fortschreitet, kann COBIT 5 als fest etablierter Standard im Bereich Governance und IT-Management betrachtet werden. Die Kombination der Frameworks COBIT und ITIL ist in der Praxis üblich. COBIT 5 stellt die Ziele der IT und des Unternehmens in Einklang. Diese können dadurch effizient erreicht werden. Alles in allem kann COBIT als sehr brauchbares Framework bezeichnet werden.

Literaturverzeichnis

Dern, G. 2013. *Management von IT-Architekturen: Informationssysteme Im Fokus von Architekturplanung Und -Entwicklung.* Vieweg+Teubner Verlag. https://books.google.de/books?id=KPkjBgAAQBAJ.

Ebel, N. 2008. *ITIL V3 Basis-Zertifizierung: Grundlagenwissen Und Zertifizierungsvorbereitung F{ü}r Die ITIL-Foundation-Pr{ü}fung.* Pearson Deutschland. https://books.google.de/books?id=6TB0VIsEaEUC.

European Corporate Governance Institute. 2000. "Grundsatzkommission Corporate Governance Corporate Governance-Grundsätze ('Code of Best Practice') Für Börsennotierte Gesellschaften." http://www.ecgi.org/codes/documents/code0700d.pdf (January 2, 2018).

Finkemeier, F, I T Service Management Forum Deutschland, and ISACA. 2011. *ITIL-COBIT-Mapping: Gemeinsamkeiten Und Unterschiede von ITIL V3 Und COBIT 4.1.* Symposion. https://books.google.de/books?id=Keck20NyAEEC.

ISACA. 2012. "A Business Framework for the Governance and Management of Enterprise IT." http://www.oo2.fr/sites/default/files/document/pdf/cobit-5_res_eng_1012.pdf (December 30, 2017).

ISACA Germany Chapter e.V. 2013. "COBIT 5 an ISACA Framework."

Markus Gaulke. 2014. *Praxiswissen COBIT: Grundlagen Und Praktische Anwendung in Der Unternehmens-IT.* dpunkt.verlag GmbH.

Meyer, Matthias, Rüdiger Zarnekow, and Lutz M. Kolbe. 2003. "IT-Governance." *Wirtschaftsinformatik* 45(4): 445–48. http://link.springer.com/10.1007/BF03250909 (January 2, 2018).

Serview GmbH. 2017. "Was Ist ITIL?" https://www.serview.de/training/praesenztrainings/service-management/itil/was-ist-itil/ (January 3, 2018).